社会福祉法人立　保育園・こども園

理事長マニュアル

社会福祉連携推進法人
園経営支援協会

はじめに

　現在、出生数の減少・少子化により社会福祉法人立の保育園・こども園の園児は減少をし、待機児問題もほぼ解消されました。全国の園の定員充足率は89.7％（２０２２年４月）と地域によっては施設の新設が多くあり過剰な状況にもなってきています。厚労省も保育所・保育士の在り方検討会を立ち上げて、「保育所が過剰となった地域では、既存施設をどう整理・縮小し、機能を転換していくか、保育所を地域の子育て支援に活用すること」などを検討しています。

　園によっては収支差額がマイナス（赤字）であったり、借入金の返済が滞る、職員への賞与の支払いが苦しいなど資金繰りに支障がある園も出てきています。そのような中でこれからの園は「運営から経営に」移行していく必要があります。

　　運営：団体などの機能を発揮させることができるように、組織をまとめて動かしていくこと
　　経営：事業目的を達成するために、継続的・計画的に意思決定を行って実行に移し、事業を管理・遂行すること

　理事長の仕事は、「組織を代表し、園の経営方針を管理する責任者」ですが、法的に定められていることは少なく、また業務内容は理事長の考え・園の事情によりそれぞれの園で様々です。

　「こどもの最善の利益」を考え、子どもたち、保護者、地域のためにも、今後の園経営のために改めて理事長の役割を明確にし、施設長・園長、職員にも理事長職への理解を促し、園の経営強化に向けて役割分担・責任を明確にしていくことが必要です。また、これからの理事長の交代・引継ぎなどや園長交代などにもお役に立てることと思います。

　本書では理事長が最低限やるべきことを中心に書かせていただきました。

2023 年 1 月

社会福祉連携推進法人　園経営支援協会

理事長　柴田豊幸

―CONTENT 目次

Ⅰ 園の経営と理念・方針等の理解・共有

園事業の目的は、会社や企業のように利益を追求するものではありません。「事業を継続的・計画的に発展させなければいけない」ということから考えると職員全員が「経営」という概念を積極的に取り入れていく必要があります。

1. 園の経営

　園の理念を達成するべく、経営をしていく必要があります。

　経営というと会社・企業が営利目的のために行うことと思われる方もいると思います。確かに株式会社等は「会社法」で「営利事業を営むことを目的とする法人」とされています。しかし、保育園、こども園、幼稚園の目的はそうではありません。園において「経営」という概念を積極的に取り入れていく最大の理由は、「子どもの最善の利益の達成」にあります。

　園の理念（教育方針・保育方針）に基づき、職員に安定した職場環境を提供し、地域社会にも貢献し、存在を認められ、それぞれの園の理念を達成し、経営を続けていくことで、子どもの最善の利益を達成していけるといえます。

　保育園、こども園、幼稚園、それぞれの目的は違っていても「事業」というくくりでは同じです。「事業目的」「園の理念」を達成するべく、経営をしていく必要があります。

2. 園の形態ごとの法的に定められている「目的」

〈保育園〉
「児童福祉法」第三十九条
「保育所は、保育を必要とする乳児・幼児を日々保護者の下から通わせて保育を行うことを目的とする施設（利用定員が二十人以上であるものに限り、幼保連携型認定こども園を除く。）とする」

〈こども園〉
「改正こども園法※」第一章 総則 第一条（目的）
「この法律は、幼児期の教育及び保育が生涯にわたる人格形成の基礎を培う重要なものであること並びに我が国における急速な少子化の進行並びに家庭及び地域を取り巻く環境の変化に伴い小学校就学前の子どもの教育及び保育に対する需要が多様なものとなっていることに鑑み、地域における創意工夫を生かしつつ、小学校就学前の子どもに対する教育及び保育並びに保護者に対する子育て支援の総合的な提供を推進するための措置を講じ、もって地域において子どもが健やかに育成される環境の整備に資することを目的とする」

※ 正式名称は「就学前の子どもに関する教育・保育等の総合的な推進に関する法律」ですが、読みやすくする為、世間的な通称に準じ、本書では「認定こども園法」と表記します。

〈幼稚園〉
「学校教育法」第三章　幼稚園 第二十二条
「幼稚園は、義務教育及びその後の教育の基礎を培うものとして、幼児を保育し、幼児の健やかな成長のために適当な環境を与えて、その心身の発達を助長することを目的とする」

3. 運営から経営へ

運営：団体などの機能を発揮させることができるように、組織をまとめて動かしていくこと

経営：事業目的を達成するために、継続的・計画的に意思決定を行って実行に移し、事業を管理・遂行すること

「経営をする」とは、事業目的・園の理念達成のために「計画的に運営を続けていく」こと

　現在、園児や利用者も多く、保護者と職員の満足度が高いとされる園であっても、環境の変化により、将来に対して不安を抱いているかもしれません。

　不安を感じる原因のひとつには、経営視点での計画を立てていないことが考えられます。経営という概念を取り入れることで作成する「経営計画」は、将来のそういった不安への防波堤としての役割も果たします。

　これからの「園」は、理念に基づいた具体的な将来の姿をイメージでき、経営計画にもとづいた経営をしていくことがあたりまえとなるでしょう。

　そして経営計画に基づいた経営を行うことは、どんな時代になっても勝ち残っていける「選ばれる園」となるために、今まさに私たちが取り組まなければならない課題なのです。

4. 園の理念、方針、考え方を理解し共有する

　園の理念とは、その園の保育のあり方、園が子どもを育てるうえでいちばん大事にしていることなどを示したものです。保護者は、自分の子育ての理想に近い理念をもつ園を選ぼうとします。そのため、園の理念は、保護者にとってもわかりやすいものであることが大切です。

　そして、その理念が、実際の保育や教育において反映されていること。そのためには、すべての職員が理念の持つ意味を共有していることが必要です。見学に来た保護者がどの職員に尋ねても、園の理念、方針、考え方について具体的でわかりやすい説明を受けられるよう、会議や研修を重ねて、理解と共有化を図りましょう。

memo

Ⅱ 園における
経営・運営に係る仕事と役割

園における経営・運営に係る仕事と役割

〈理事長〉

組織を代表し、法人の経営方針を管理する責任者です。

〈役員（理事・監事）〉

園の経営にかかわります。

報酬に関しては、役員報酬規程などにより、法人ごとに決められます。

〈評議員〉

評議員会は、法人運営の基本ルール・体制を決定するとともに、役員の選任・解任等を通じ、事後的に法人運営を監督する機関として位置付けられています。従来の評議員会に対し諮問されていた業務執行に関する事項についての意思決定は理事会で行うこととなり、評議員会の決議事項は法に規定する事項及び定款で定めた事項に限定されています（法第45条の8第2項）。

〈園長〉

園全体の代表者です。運営から経営まで、すべてに責任をもち、とりまとめるのが任務です。保育者をはじめ、給食の調理担当、看護師、事務職員、用務員など園内の職員皆が存分に力を発揮できるよう、日々、様子を見守ります。園の責任者として保護者とかかわり、さまざまな組織との交渉なども行ないます。地域住民とのコミュニケーションも役割です。

会議や会合の出席が多く、外出も頻繁にあります。各クラスの保育者が記入している保育日誌などに目を通したり、時間を見つけては園児の輪の中に入ったりすることも含めて、園の運営、経営にかかわることすべてが園長の仕事です。

〈事務〉

事務全般

経理、給与関係、社会保険、労務など

外部との交渉

役所との交渉、業者対応、備品発注など

園児管理

在籍する園児、保護者等の管理

Ⅲ 園(法人)の
  理事会と評議員会

Ⅲ-1　理事会と評議員会

平成29年4月より社会福祉法人の制度改革が施行されました。
この制度改革により、今まで評議員を設置していなかった法人も評議員を設置することが義務づけられました。
ここでは、理事会・評議員会の決議事項などについてまとめます。
※資料2（P58）参照

1. 理事会

　理事会は、経営者として法人の業務執行の決定や理事の職務執行の監督などの職務を担っています。

〈理事会の決議事項〉
・理事長及び業務執行理事の選定及び解職
・評議員会の日時及び場所並びに議題、議案の決定
・重要な財産の処分及び譲り受け
・多額の借財
・重要な役割を担う職員の選任及び解任
・従たる事務所その他の重要な組織の設置、変更及び廃止
・コンプライアンス（法令遵守等）の体制の整備　※一定規模以上の法人のみ
・計算書類及び事業報告等の承認
・予算案の承認
・その他の重要な業務執行の決定、等

2. 評議員会

　評議員会は、諮問機関から議決機関となりました。法人の基本ルールや、役員の選任・解任、定款変更、計算書類の承認など、法人運営にかかわる重要事項の決定と事後的な監督をおこなう機関として位置づけられます。
　評議員の選任及び解任については、法人内に評議員選任・解任委員会を置き、そこでおこなわれます。

〈評議員会の決議事項〉
・理事・監事・会計監査人の選任及び解任
・定款の変更
・計算書類の承認
・役員報酬等基準の承認

・法人の解散の決議
・合併の承認
・社会福祉充実計画の承認、等
・基本財産（土地・建物＝園庭・園舎）の処分と取得

3. どういう人が理事や評議員になる？

　たとえば、医師、保健師、看護師などの医療関係者、地域の民生委員、社会福祉に関するボランティア団体の代表者、自治会、町内会、商店会などの役員、会計事務所や給食業者などの取引業者、社会福祉に関する教育や研究を行う人、公認会計士、税理士、弁護士など専門知識を有する人などです。

　園の実態を運営に反映させるために、その園に勤務する施設長や職員も、理事として参加することになっています。

Ⅲ -2　評議員・理事・監事の欠格条項、特殊関係者について

欠格条項（評議員・理事・監事共通）
欠格条項（以下の①～⑤）に該当する者は、評議員・理事・監事となることができない。 　① 法人 　② 精神の機能の障害により職務を適正に執行するに当たって必要な認知、判断及び意思疎通を適切に行うことができない者 　③ 生活保護法、児童福祉法、老人福祉法、身体障害者福祉法又はこの法律の規定に違反して刑に処せられ、その執行を終わり、又は執行を受けることがなくなるまでの者 　④ 前号に該当する者を除くほか、禁錮以上の刑に処せられ、その執行を終わり、又は執行を受けることがなくなるまでの者 　⑤ 所轄庁の解散命令により解散を命ぜられた社会福祉法人の解散当時の役員 　⑥ 暴力団員又は暴力団員でなくなった日から5年を経過しない者

評議員の特殊関係者	評議員には、各評議員又は各役員の配偶者又は三親等以内の親族その他各評議員又は各役員と特殊の関係がある者（以下の①～⑨）が含まれてはならない	❶ 当該評議員又は役員と事実上婚姻関係と同様の事情にある者	❷ 当該評議員又は役員に雇用されている者（秘書・執事など個人的に雇っている者）	❸ ①、②に掲げる者以外の者であって、当該評議員又は役員から受ける金銭その他の財産によって生計を維持しているもの	❹ ②、③に掲げる者の配偶者	❺ ①から③に掲げる者の三親等以内の親族であってこれらの者と生計を一にするもの
理事の特殊関係者	理事には、各理事について、その配偶者及び三親等以内の親族その他各理事と特殊の関係のある者（以下の①～⑦）が三人を超えて含まれ、又は理事の総数の三分の一を超えて含まれてはならない	❶ 当該理事と事実上婚姻関係と同様の事情にある者	❷ 当該理事に雇用されている者（秘書・執事など個人的に雇っている者）	❸ ①、②に掲げる者以外の者であって、当該理事から受ける金銭その他の財産によって生計を維持しているもの	❹ ②、③に掲げる者の配偶者	❺ ①から③に掲げる者の三親等以内の親族であってこれらの者と生計を一にするもの
監事の特殊関係者	監事には、各役員（理事及び監事）の配偶者又は三親等以内の親族その他各役員と特殊の関係がある者が含まれてはならない	❶ 当該役員と事実上婚姻関係と同様の事情にある者	❷ 当該役員に雇用されている者（秘書・執事など個人的に雇っている者）	❸ ①、②に掲げる者以外の者であって、当該役員から受ける金銭その他の財産によって生計を維持しているもの	❹ ②、③に掲げる者の配偶者	❺ ①から③に掲げる者の三親等以内の親族であってこれらの者と生計を一にするもの

	❻	❼	❽	❾
評議員の特殊関係者	❻ 当該評議員が役員（※）となっている他の同一の団体（社会福祉法人を除く。）の役員（※）又は職員（これらの役員（当該評議員を含む。）又は職員が当該社会福祉法人の評議員総数の三分の一を超えて含まれる場合に限る。） ※ 業務を執行する社員を含む	❼ 当該社会福祉法人の役員が役員（※）となっている他の同一の団体（社会福祉法人を除く。）の役員（※）又は職員（これらの役員又は職員が当該社会福祉法人の評議員総数の三分の一を超えて含まれる場合に限る。） ※ 業務を執行する社員を含む	❽ 支配している他の社会福祉法人の役員又は職員 ※ 支配している他の社会福祉法人：当該社会福祉法人の役員又は評議員で、評議員の総数の過半数を占めている他の社会福祉法人	❾ 次に掲げる団体においてその職員（国会議員及び地方公共団体の議会の議員を除く。）である、評議員（これらの評議員が当該社会福祉法人の評議員総数の三分の一を超えて含まれる場合に限る。） 　国の機関、地方公共団体、独立行政法人、国立大学法人又は大学共同利用機関法人、地方独立行政法人、特殊法人又は認可法人
理事の特殊関係者	❻ 当該理事が役員（※）となっている他の同一の団体（社会福祉法人を除く。）の役員又は職員（これらの役員又は職員が当該社会福祉法人の理事総数の三分の一を超えて含まれる場合に限る。） ※ 業務を執行する社員を含む	❼ 評議員・監事の❼に相当する規制はない	❽ 評議員・監事の❽に相当する規制はない	❾ 次に掲げる同一の団体においてその職員（国会議員及び地方公共団体の議会の議員を除く。）である理事（これらの理事が当該社会福祉法人の理事総数の三分の一を超えて含まれる場合に限る。） 　国の機関、地方公共団体、独立行政法人、国立大学法人又は大学共同利用機関法人、地方独立行政法人、特殊法人又は認可法人
監事の特殊関係者	❻ 当該理事が役員（※）となっている他の同一の団体（社会福祉法人を除く。）の役員（※）又は職員（これらの役員又は職員が当該社会福祉法人の監事総数の三分の一を超えて含まれる場合に限る。） ※ 業務を執行する社員を含む	❼ 当該監事が役員となっている他の同一の団体（社会福祉法人を除く。）の役員又は職員（これらの役員（当該監事を含む。）又は職員が当該社会福祉法人の監事総数の三分の一を超えて含まれる場合に限る。）	❽ 支配している他の社会福祉法人の理事又は職員 ※ 支配している他の社会福祉法人：当該社会福祉法人の役員又は評議員で、評議員の総数の過半数を占めている他の社会福祉法人	❾ 次に掲げる団体においてその職員（国会議員及び地方公共団体の議会の議員を除く。）である監事（これらの監事が当該社会福祉法人の監事総数の三分の一を超えて含まれる場合に限る。） 　国の機関、地方公共団体、独立行政法人、国立大学法人又は大学共同利用機関法人、地方独立行政法人、特殊法人又は認可法人

memo

Ⅳ　理事長の職務及び権限、専決事項

Ⅳ-1　理事長の職務及び権限と専決事項

1．理事長の職務及び権限等（社会福祉法）

① 理事会の決定に基づき（法第45条の13第2項第1号）、

② 法人の内部的・対外的な業務執行権限を有する（法第45条の16第2項第1号）。対外的な業務執行をするため、法人の代表権を有します（法第45条の17第1項）。代表者としての対外的契約

③ 理事長は、3ヶ月に1回以上（定款で、毎会計年度に4ヶ月を超える間隔で2回以上とすることが可能）、自己の職務の執行の状況を理事会に報告しなければなりません（法第46条の16第3項）。

④ 理事会の招集

⑤ その他（社会福祉法以外）

　　予算・決算の管理

　　経営計画の立案・管理

　　組織の統括・管理

2．理事長・施設長の専決事項　社会福祉法人定款例より

　（それぞれの法人で定めてもよいし、作らなくてもよい）

＊専決事項についてはそれぞれの法人で理事会承認を受けて取り決める内容については、社会福祉法人法の規定はなく「1．理事長の職務及び権限等」の解釈となる。専決事項以外は理事会の承認事項

〈例　理事長専決事項〉

1 理事会、評議員会、評議員選任・解任委員会の招集に関すること

2 職員（施設長及び臨時職員を除く）の任免に関すること

3 債権の免除・効力の変更のうち、当該処分が法人に有利であると認められるもの、その他やむを得ない特別の理由があると認められるもの（法人運営に重大な影響があるものを除く）

4 設備資金の借入れに係る契約であって予算の範囲以内のもの

5 工事または製造の請負については、100万円を超え250万円以下の契約、食料品、物品の購入については100万円を超え160万円以下の契約を締結すること

6 運用財産(土地、建物及び補助事業により取得した設備を除く)のうち、損傷その他の理由により、不要となった物品又は修理を加えても使用に耐えないと認めら

れる取得価格が 1 件 500 万円未満のものの処分に関すること

7 予算上の予備費の支出

8 100 万円未満の寄附金の受入れに関する決定（法人運営に重大な影響があるものを除く）

9 役員及び施設長の旅行命令に関すること

10 施設長の服務に関する諸願いの許可または承認に関すること

11 職員の昇給・昇格に関すること

12 各種証明書の交付に関すること

13 行政官庁からの照会に関すること（定例または軽易な事項は除く）

＊理事長は法人の代表で園長（施設長）は園の代表です。

〈例　施設長専決事項〉
1 所属職員の職務分担、勤務体制及び福利厚生に関すること
2 所属職員の旅行命令及び復命に関すること
3 所属職員の時間外勤務命令及び休日勤務命令に関すること
4 所属職員の服務に関する諸願いの許可又は承認に関すること
5 臨時職員の任免に関すること
6 所属職員の扶養手当、通勤手当及び住宅手当の認定及び支給額の決定に関すること
7 人件費及び厚生経費に関する予算範囲内の執行並びにその他の科目で予算に計上された 1 件の予算執行額が100万円未満の契約を締結する事
8 収入（寄附金を除く）事務に関すること
9 行政官庁からの照会に関すること（定例または軽易な事項に限る）
10その他の定例又は軽易な事項

3. 業務執行理事

　業務執行理事は、法人の任意で、理事長以外に法人業務を執行する理事として理事会の決議により選定することができます。（法第 45 条の 16 ②）

　ただし、業務執行理事は、理事長と違い代表権はないため、対外的な業務を執行する権限はありません。

参考　業務執行理事職務権限規程
（職務権限）

業務執行理事の職務権限は次に掲げるとおりとする。

1　理事長を補佐し、また、理事長と分担の上、この法人の業務を執行する

2　理事長に事故あるときは、代表権を除く、理事長の業務執行に係る職務を代行する

3　事務分掌に基づき職員の業務状況を監督する

4　事業計画に基づき事業の遂行を監督する

5　予算執行状況を監督する

6　毎会計年度に４ヶ月を超える間隔で２回以上、下記の事項について、理事長と分担の上、理事会に報告する

（１）部門別の事業活動の概況

（２）月次決算（四半期決算・半期決算）

（３）四半期（半期）事業報告

（４）事業及び経理上生じた重要事項

（５）内部監査の状況

（６）各種委員会その他重要な組織の活動状況

（７）行政庁等に対する届出等のうち重要なもの

（８）理事会の決議事項のうち特に重要な事項の経過

（９）その他、理事会より報告を求められた事項

※資料１（P44）参照

Ⅳ -2　保育所保育指針 ― 施設長の役割と責務

第1章　総則
3 保育の計画及び評価
（3）指導計画の展開
指導計画に基づく保育の実施に当たっては、次の事項に留意しなければならない。
　　ア 施設長、保育士など、全職員による適切な役割分担と協力体制を整えること。

第5章　職員の質の向上
2 施設長の責務
（1）施設長の責務と専門性の向上
施設長は、保育所の役割や社会的責任を遂行するために、法令等を遵守し、保育所を取り巻く社会情勢等を踏まえ、施設長としての専門性等の向上に努め、当該保育所における保育の質及び職員の専門性向上のために必要な環境の確保に努めなければならない。
（2）職員の研修機会の確保等
施設長は、保育所の全体的な計画や、各職員の研修の必要性等を踏まえて、体系的・計画的な研修機会を確保するとともに、職員の勤務体制の工夫等により、職員が計画的に研修等に参加し、その専門性の向上が図られるよう努めなければならない。

4 研修の実施体制等
（3）研修の実施に関する留意事項
施設長等は保育所全体としての保育実践の質及び専門性の向上のために、研修の受講は特定の職員に偏ることなく行われるよう、配慮する必要がある。また、研修を修了した職員については、その職務内容等において、当該研修の成果等が適切に勘案されることが望ましい。

理事長職務執行状況報告書（例）

年　　月　　日
社会福祉法人〇〇会 理事長 〇〇〇〇

職務執行状況報告書

　社会福祉法第４５条の１６第３項の規定に基づき、理事長の職務の執行状況について、下記のとおり報告いたします。

記

1. 報告期間
　　令和　年　月　日から令和　年　月　日まで

2. 理事長職務執行状況
　（1）評議員会及び理事会議案の確認統括業務
　　　　月　　日　第　回理事会 議案
　　　　月　　日　第　回理事会 議案

　（2）事業運営上の重要事項
　　　（内容例）
　　　◇ 理事会が定めた理事長（及び業務執行理事）への委任事項の執行状況
　　　◇ 決算見込、月次決算（四半期・半期決算）
　　　◇ 所轄庁による指導監査の指摘事項
　　　◇ 過去の理事会決議事項につきその経過内容
　　　◇ 各施設等事業活動の状況
　　　◇ 事業及び経理上生じた重要事項
　　　◇ 行政庁への届出のうち重要なもの 等

注）〇理事会による理事に対する職務の執行の監督を機能させるためのもの（法４５条の１３②２）。
　　〇当該報告は、実際に開催された理事会において報告する必要があります。決議の省略に併せて書面のみによる報告は認められません。
　　　※（理事の職務及び権限等）第四十五条の十六
　　　3　前項各号に掲げる理事は、三月に一回以上、自己の職務の執行の状況を理事会に報告しなければならない。ただし、定款で毎会計年度に四月を超える間隔で二回以上その報告をしなければならない旨を定めた場合は、この限りでない。
　　〇本人の責任において例えば事務局長に報告させることは差支えありませんが、内容に対する質問には本人が回答します。
　　〇実質的には何の権限も行使していないときには、「何もありません」という報告をすることになります。

Ⅳ-3　理事長の報酬

理事長報酬〈考察〉

I. 社会福祉法

（報酬等）

第四十五条の三十五

社会福祉法人は、理事、監事及び評議員に対する報酬等について、厚生労働省令で定めるところにより、民間事業者の役員の報酬等及び従業員の給与、当該社会福祉法人の経理の状況その他の事情を考慮して、不当に高額なものとならないような支給の基準を定めなければならない。

2　前項の報酬等の支給の基準は、評議員会の承認を受けなければならない。これを変更しようとするときも、同様とする。

3　社会福祉法人は、前項の承認を受けた報酬等の支給の基準に従って、その理事、監事及び評議員に対する報酬等を支給しなければならない。

II. 報酬金額

「民間事業者の役員の報酬等及び従業員の給与、当該社会福祉法人の経理の状況その他の事情を考慮して、不当に高額なものとならないような支給の基準を定めなければならない」とされています。

＊理事長は理事の代表で理事の中に含まれる

それでは「民間事業者の役員の報酬等」を検証します。

民間事業者の役員報酬の年間平均額　資本金別

資本金　2,000万円未満　614万5,000円　　月額51万

　　　　2,000万円以上　922万3,000円　　月額77万

※国税庁「令和3年分 民間給与実態統計調査」（2022年9月）

民間事業者の非常勤役員への報酬

＊非常勤役員とは、常勤ではなく会社から要請されたときなどに出社する取締役のことです。

法人税法上は、「常勤」役員と「非常勤」役員を分ける明確な基準はなく、また、役

員報酬の適正金額の数値基準（一般的な従業員の何倍まで等）もありません。非常勤役員への報酬金額を争った過去の裁判の判例から、月5万円〜15万円ほどの役員報酬であれば妥当な額といえます。

（平 9.9.29 裁決、裁決事例集 No.54　306 頁）

（平 17.12.19 裁決、裁決事例集 No.70　215 頁）

　採決事例の時期から現在の物価上昇を考えると月 10 万円〜 20 万円が妥当と考えられます。

Ⅲ. 経理状況

「当該社会福祉法人の経理の状況その他の事情を考慮して」

理事長の報酬を月10万円とすれば、年間120万円が払える収支状況かの判断が必要です。

理事長報酬〈規定〉

〈参考〉報酬に関する規定

社会福祉法等の一部を改正する法律（社会福祉法人制度の改革）

平成 29 年 4 月 1 日の改正

評議員、理事、監事及び会計監査人の報酬（法第四十五条の十六 第 4 項）

【理事の報酬】

○ 理事の報酬は、定款にその額を定めていないときは、評議員会の決議によって定める。

役員報酬規程の策定にむけたチェック

平成 29 年 4 月 1 日の改正社会福祉法施行により、すべての社会福祉法人において「役員報酬基準」の策定と公表が必要となる

報酬に関する規定

〔理 事〕理事の報酬等は、定款にその額を定めていないときは、評議員会の決議によって定める。（法第四十五条の十六 第 4 項）

社会福祉法等の関連規定

（報酬等）

第四十五条の三十五

社会福祉法人は、理事、監事及び評議員に対する報酬等について、厚生労働省令で定めるところにより、民間事業者の役員の報酬等及び従業員の給与、当該社会福祉法人の経理の状況その他の事情を考慮して、不当に高額なものとならないような支給の基準を定めなければならない。

２　前項の報酬等の支給の基準は、評議員会の承認を受けなければならない。これを変更しようとするときも、同様とする。

３　社会福祉法人は、前項の承認を受けた報酬等の支給の基準に従って、その理事、監事及び評議員に対する報酬等を支給しなければならない。

社会福祉法人 役員等報酬規程

定款例（案）：平成 28 年 6 月 20 日付
「社会福祉法人制度改革における社会福祉法人定款例（案）について」

（役員＜及び会計監査人＞の報酬等）

　　第二一条 理事及び監事に対して、＜例：評議員会において別に定める総額の範囲内で、評議員会において別に定める報酬等の支給の基準に従って算定した額を＞報酬等として支給することができる。

平成 30 年 4 月 16 日付事務連絡

厚生労働省社会・援護局福祉基盤課
「社会福祉法人に対する指導監査に関する Q ＆ A （vol. 3）」
問 2 役員及び評議員の報酬について、定款で無報酬と定めた場合についても、役員報酬基準を策定し、無報酬である旨を定める必要はあるのか
（答）役員及び評議員の報酬については、無報酬とすることも認められ、その場合には、原則として、報酬等の額や報酬等の支給基準を定めるときに無報酬である旨を定めることになるが、定款において無報酬と定めた場合については、法令により公表が義務づけられた定款により無報酬であることが確認できるため、支給基準を別途策定する必要はない。一方、役員の報酬等について、評議員会の決議によって定める場合については、別途支給基準を策定する必要がある。
（「「社会福祉法人制度改革の施行に向けた留意事項について」等に関する Q&A」（平成 28 年 6 月 20 日厚生労働省社会・援護局福祉基盤課事務連絡の別添）の問 46 の答 3 については削除することとする。）
以下削除内容
３．なお、定款で無報酬と定めた場合、又は、常勤役員等に対して「支給することができる」と規定しつつ、当面の間は役員報酬を支給する予定がない場合においても、支給基準は策定し、無報酬である旨を定める必要がある。

理事長報酬規程　例

社会福祉法人○○○　役員報酬規程付則

理事長報酬規程

（目　的）
第1条　この規程は、社会福祉法人○○○（以下、「この法人」という。）の理事長の報酬に関し必要な事項を定めることを目的とする。

（定　義）
第2条　費用とは、職務遂行に伴い発生する旅費（交通費・宿泊費）等であり、報酬とは明確に区別するものとする。

（報　酬）
第3条　理事長の職務執行に対する報酬は月額10万円を支給する。

（業務の種類と遂行）
第4条　理事長等報酬を支給する業務の種類は、次の各号に定めるところによる。理事長は業務を遂行するために必要な時に出勤する。
1　理事会、評議員会、評議員選任・解任委員会の招集に関すること
2　職員（施設長及び臨時職員を除く）の任免に関すること
3　債権の免除・効力の変更のうち、当該処分が法人に有利であると認められるもの、その他やむを得ない特別の理由があると認められるもの（法人運営に重大な影響があるものを除く）
4　設備資金の借入れに係る契約であって予算の範囲以内のもの
5　工事又は製造の請負については、100万円を超え250万円以下の契約、食料品、物品の購入については100万円を超え160万円以下の契約を締結する事
6　運用財産（土地、建物及び補助事業により取得した設備を除く）のうち、損傷その他の理由により、不要となった物品又は修理を加えても使用に耐えないと認められる取得価格が1件500万円未満のものの処分に関すること
7　予算上の予備費の支出
8　100万円未満の寄附金の受入れに関する決定（法人運営に重大な影響があるものを除く）

 9 役員及び施設長の旅行命令に関すること
10 施設長の服務に関する諸願いの許可又は承認に関すること
11 職員の昇給・昇格に関すること　辞令交付
12 各種証明書の交付に関すること
13 行政官庁からの照会に関すること(定例又は軽易な事項は除く)
　その他　入園式・卒園式・運動会等　必要に応じ職員会議

(費　用)
第5条　理事長が法人の業務のため出張する場合は社会福祉法人○○○の旅費規程に準じてその費用等を支給することができる。

(支給方法等)
第6条　報酬の支給は、現金をもって本人に支払うものとする。

(公　表)
第7条　この法人は、この規程をもって、社会福祉法第59条に定める役員報酬等の支給の基準の付則として公表する。

(改　廃)
第8条　この規程の改廃は、評議員会の決議によって行う。

(補　足)
第9条　この規程の実施に関し必要な事項は、理事長が評議員会の承認を経て、別に定めるものとする。

この規程は、令和　　年　　月　　日から施行する。

memo

V　業務・分担例

園の業務と分担（例）

　基本的に理事長の担当は多くありませんが、状況により担当することは問題ありません。理事長は全体を見て園の経営をしていくことが仕事です。

銀行・会計	担当	研修計画	担当	看護	担当
補助金申請	園長	会議・準備	主任	職員の健診	事務
保育料等引き落とし	事務	外部研修	園長	看護日誌	看護師
入金	事務			園児測定	看護師
支払振込・現金・税金	事務			保健指導	看護師
年末調整	事務	園児	担当		
給与・賞与計算	事務	新入園児	園長		
給与支払い	事務	継続児	主任		
預金管理	園長	卒園児	園長		
小口現金	事務	メール確認	園長・事務	その他	担当
伝票起票	事務	ホームページ	主任	補助金申請	園長・事務
伝票入力	事務	園だより	主任	行政対応	園長
保育料請求	事務	園児配布書類	主任	修理関係	園長
保険（園・園児）	事務	園用写真	主任	理事会等招集	理事長
物品購入100万円以下	園長	販売写真	主任		
		一時保育	園長		
		延長保育	園長		
職員	担当	園日誌	園長	決算業務	担当
勤務シフト作成	園長	子育て支援	主任	予算作成	園長・事務
出勤確認	事務	園行事　業者対応	園長	決算	園長・事務
残業管理	園長	DM	事務	理事会報告	園長・事務
代休・有給など	園長	発注・納品確認	主任		
職員の採用・退職	園長	その他園児書類作成	主任		
職員の任命	理事長				
職員の昇給・昇格	理事長				
研修	園長				

理事長の年間業務

月	行事	最低業務
４月	入園式	
５月		
６月	理事会（事業報告、決算承認・監査報告）	○
	定時評議員会（決算承認、理事・監事の承認）	○
７月	夏祭り	
８月		
９月		
１０月	運動会	
	理事会（補正予算）	○
１２月		
１月		
２月		
３月	卒園式 理事会（補正予算、翌年度事業計画・予算、 次期理事・監事の推薦、定時評議委員会の招集）	○
	他に行政監査立ち合い	

memo

Ⅵ　財務・会計

財務への理解

1. 社会福祉法人会計の計算書類

　社会福祉法人会計基準が改正された時より、決算書は「計算書類」の名称となりました。実際に法人が作成する書類は、以下に分類され「計算書類等」と総称されます。

Ⅰ 計算書類

	法人全体	事業横並び（※1）	拠点横並び（※2）	拠点単独
資金収支計算書	1 − 1（※3）	1 − 2	1 − 3	1 − 4
事業活動計算書	2 − 1	2 − 2	2 − 3	2 − 4
貸借対照表	3 − 1	3 − 2	3 − 3	3 − 4

※1 事業の種類は「福祉」「公益」「収益」の3種限定です。単一の事業のみ経営する法人は、この様式は作成を省略できるので、「福祉事業」のみを経営する大半の法人では作成していません
※2 保育園等が横に並ぶ書式です
※3 正しくは「第一号第一様式」の表記になりますが、わかりやすさを優先しています（以下同様です）

Ⅱ 付属明細書
別紙1 法人全体の注記
別紙2 拠点区分ごとの注記
別紙3 − ① 借入金明細書
　　　 − ② 寄附金収益明細書
　　　 − ③ 補助金事業等収益明細書
　　　 − ④ 事業区分間及び拠点区分間繰入金明細書
　　　 − ⑤ 事業区分間及び拠点区分間貸付金(借入金)残高明細書
　　　 − ⑥ 基本金明細書
　　　 − ⑦ 国庫補助金等特別積立金明細書
　　　 − ⑧ 基本財産及びその他の固定資産（有形・無形固定資産）の明細書
　　　 − ⑨ 引当金明細書
　　　 − ⑩ ○○拠点区分 資金収支明細書
　　　 − ⑪ ○○拠点区分 事業活動明細書
　　　 − ⑫ 積立金・積立資産明細書
　　　 − ⑬ サービス区分間繰入金明細書
　　　 − ⑭ サービス区分間貸付金(借入金)残高明細書

　書式は定められていませんが、固定資産管理台帳の別途作成が義務付けられています。実際上は、貸借対照表上の残高は内容を明細とする必要が有ります。

Ⅲ 財産目録

　12種類ある計算書類の構成は理解が難しいと思います。複数の拠点を経営する法人において、拠点（≒施設）間の貸し借りに繰入収支は法人全体の決算書上に表示されませんから、法人全体は健全に見えても、不健全で他拠点から繰入収入を受け続ける、あるいは借り続ける施設が隠れている場合もあります。

　本部を別として、単独の拠点のみを経営する法人ならば、その拠点＝ほぼ法人全体になりますから、当該拠点の1－4・2－4・3－4の3種類を確認すれば良いでしょう。

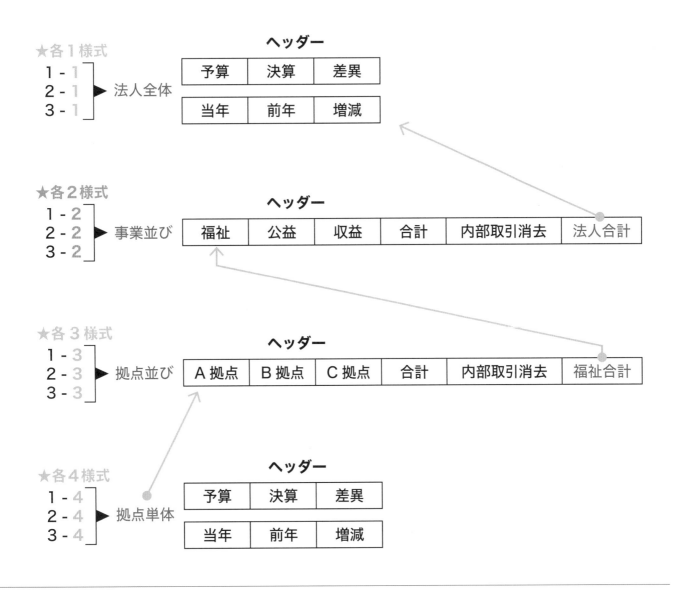

勘定科目の区分表示は以下となっています。収支の内容を細かく見るには、4様式が必要になります。

資金収支計算書	1−1 大区分	1−2 大区分	1−3 大区分	1−4 収入小区分 支出中区分
事業活動計算書	2−1 大区分	2−2 大区分	2−3 大区分	1−4 収入小区分 支出中区分
貸借対照表	3−1 中区分	3−2 中区分	3−3 中区分	3−4 中区分

2. 理事長先生が見ておくべき、決算書 10 の項目

― 全体的に ―

正式な名称の **「計算書類」** を馴染みのある **「決算書」** と表記します
基本的な単位である **「拠点区分」** はわかりやすく **「施設」** と表記します
正式な計算書類名称の **第 1 号第 1 様式** は、**1 − 1** と表記します
勘定科目は **「科目」**、科目を集計したものは **「項目」** と表記します

1．見る単位とその決算書

① 施設ごとに決算を見るとわかりやすいです

② 施設ごとに見る決算書は、1 − 4、2 − 4、3 − 4、です。

2．手元資金は有るか

① 3 − 4 の科目「現金預金」の「当年度末」金額が施設の手元資金です。

② 所持べき金額の目安は、1 − 4 の項目「事業活動支出計」の 1 ／ 12 以上です。

③ 1 − 4 の科目「委託費収入」の 30％ 近く所持していると安心です。

④ 認定こども園では 1 − 4 の科目「施設型給付費」の 30％ 近くを目安としてください。

3．借入金がどれだけ有るか、毎年の返済額はどれだけか

① 3 − 4 の科目「設備資金借入金」の「当年度末」金額が借入金の残高です。

② 1 − 4 の科目「設備資金借入金元金償還支出」の「決算」額が元金分の返済額です。

③ 1 − 4 の科目「支払利息支出」の「決算」額が利息分の返済額です。

4．積立金がどれだけ有るか、前年と今年の積立金に関する状況はどうか

① 3 − 4 の項目「その他の積立金」の「当年度末」金額が積立金の残高です。

② 2 − 4 の項目「その他の積立金積立額（16）」の当年度決算額が今年の積立額です。

③ 2 − 4 の項目「その他の積立金取崩額（15）」の当年度決算額が今年の取崩額です。

④ 上記の「前年度決算額」が前年度の決算額で「増減」が前年度対比の額です。

5．基本的な収入はどれだけあるのか

① 1 − 4 の科目「委託費収入」の「決算（B）」金額が、園児の人数に応じた基本収入額です。

② 認定こども園の場合は「施設型給付費収入」の「決算（B）」の金額になります。

③ 補助金は1－4の科目「補助金事業収入（公費）」の「決算（B）」の金額になります。

６．基本的な支出はどう見るのか

① 1－4の項目「人件費支出」は人件費です。

② 1－4の項目「事業費支出」は、子どもに直接的にかかる費用です。

③ 1－4の項目「事務費支出」は、子ども以外に直接的にかかる費用です。

７．基本的な支出の割合は、基本的な収入に対してどれぐらいが適正か

① 1－4の項目「事業活動収入」に対して、それぞれ以下の割合を目安とします。

　　（1）人件費 ＝ 70～75％ 前後

　　（2）事業費 ＝ 12％ 前後　　　　── 5％ 前後の収支差額

　　（3）事務費 ＝ 7％ 前後

② 保育園・認定こども園は共通の目安となります。

８．複数の施設がある時の便利な決算書の見方

① 1－3、2－3、3－3、は施設が横に並ぶ形式で、施設の比較をしやすいのが特長です。

② 上記各様式で横に並ぶのは、当年度の決算額だけです。

９．複数の施設が有る時の留意点

① 3－3や3－4の科目「拠点区分間借○○○」は施設間の借り貸しです。

② 施設間の借り貸しは相殺されて0円となり法人全体の決算書には表記されない点に注意する必要があります。

１０．社会福祉充実残額

① WAMネットにアップする「財務諸表等入力シートの12」で「社会福祉充実残額算定シート」上にその金額が計算され表示されています。

② 充実残額は、マイナスの金額が大きいほど良好な状態です。

③ 1万円以上の金額になると充実計画を作成し5年以内に消化する必要性が生じます。

3. 詳細な検討

以下を確認しておきたいところです

Ⅰ 債務の状況 ＝ 経営状態を確認したい

Ⅱ 収入の状況 ＝ ここ最近の収入を把握し、事業経営の状況を確認したい

Ⅲ 園舎建替への見通し ＝ 事業の継続が可能なら、園舎建替えまでを整理したい

※支出に関しては、上記３点を踏まえた上での見通し作成とその実行が考えられます

Ⅰ．債務状況の確認

1．計算書類の別紙３（①）「借入金明細書」を確認します

拠点区分別に借入金残高の詳細を確認します。３－１から３－４までの計算書類では、勘定科目の残高しかわかりません。計算書類の別紙３（①）「借入金明細書」を見れば、「設備資金借入金」「長期運営資金借入金」「短期運営資金借入金」「役員等長期借入金」「役員等短期借入金」５つの借入金に関する勘定科目残高の詳細な内容を確認することができます。

2．借入金の名称がつかない債務の勘定科目内容を付属明細書等で確認します

借入金の名称がつかない負債の勘定科目ですが「未払金」「その他の流動負債」「その他の固定負債」等は、内容を表す書類の書式が定められてません（法律的な作成義務がない）。多くの場合1000万単位の残高は発生しませんし、借入金ではないので指定書類はありませんが、逆に、表に出したくない債務金額が当該科目の残高になっていることも考えられます。

ただし決算書３－４（施設ごとの貸借対照表）勘定科目の残高は、内容を明らかにする明細書の作成を行政指導として受けていることを前提として、当該明細書を見れば残高の内容を確認できると考えられます。

3.「事業未払金」や「職員預り金」等は、残高の過多に留意します

上記勘定科目は通常必ず残高がありますが、拠点単位で500万円を超える金額となる事は通常はありません。これらの勘定科目も明細書を作成しますが、もし残高が高額であるようでしたら、その内容を確認しておく必要があります。

4. 複数拠点を経営する法人であれば、計算書類の別紙3－⑤「拠点区分間貸付金（借入金）残高明細書」で、拠点間の貸し借りを確認します

当該勘定科目に残高がある場合、残高はもとより、借りる拠点と貸している拠点、借りる理由（原因）と返済期間を確認します。1施設しかない法人であれば市中銀行等から借り入れるところを、法人内の他施設から借り入れしてる形ですので、健全な状態ではないと判断される場合があります。

社会福祉法人会計基準では、拠点間の借り貸しは「内部取引相殺消去」のルールにより、法人全体の貸借対照表（3－1）上には表記されませんので注意が必要です。全体では良好に見える法人経営でも、内部に経営状態の悪い拠点が含まれている場合もあります。

Ⅱ．収入の状況

1. 資金収支計算書の（1）事業活動収入額と、その金額に対する定員充足率の関係を、直近5年程度それぞれの推移を含めて確認します。100％近い定員充足率であるならば、（1）事業活動収入額が収入の最大額になりますから、経理的な経営判断のスタートライン・分母になります。

● 本部を除き1つの拠点のみを経営する法人であれば1－4を見て確認します。
● 複数の拠点を経営する法人であれば1－3を見て、拠点ごとに確認します。

2. 収入面での確認は上記程度（※）です。確認すべきは、定員充足率が100％を恒常的に割っている時の理由かと思います。市内の他施設でも平均的かつ恒常的に定員を割っているのか、それとも自園を含む限られた園だけが恒常的に定員を割っているのかにより、理事長としての経営方針が微妙に変わってくるとも考えられます。

前者であれば、生き残りをかけた施策が必要になるのかもしれませんし、後者であればまずは他施設に追いつく、表現を変えれば「選ばれてない園」から「選ばれる園」への変革が必要になるのかもしれません。
※ 収入における委託費の割合に委託費以外の公的収入額の把握、各加算取得状況、利用者からの直接収入等、細かく見ておきたい点は他にも色々とあります。

Ⅲ．園舎建替への見通し

1. 園舎立替時期と、必要となる自己資金（積立金＋現預金）と充実残額の関係の確認
● 園舎建替時期の検討は、実際の建物老朽化は別として、園舎をいつ建築し何年経過しているのか（耐用年数と残存年数）をまずは確認します。
● 園舎の取得年月日、耐用年数に残存年数は、固定資産管理台帳を見ればわかります。

● 充実残額は決算書上には表記されません。WAM ネットへアップする財務諸表等入力シート上で確認できます。

● 充実残額は積立金を貯めれば貯めるほど発生しやすくなります。発生してから5年以内に充実残額を解消する必要があります。

● 充実残額は、園舎の帳簿価格が下がるほど（減価償却が進むほど）発生しやすくなります。

● 充実残額は発生しないに越したことはありませんが、将来的な発生が不可避であれば、5年間の解消期間内に、園舎立替時の積立金取崩を合わせることができればベストかと思います。

● 充実残額は、以下の計算式で Excel や電卓でも計算することができます。

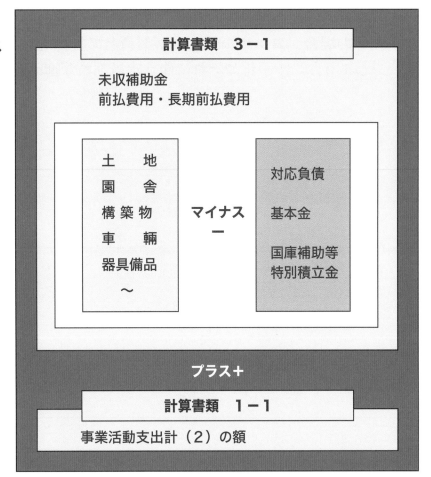

2．充実残額は法人全体で計算します。複数施設のある法人では、必然的に各施設長（園長）は自園にのみ目が向き、全体を俯瞰・洞察する人がなく、その発生を看過される場合が散見されます。

3．複数拠点を経営する法人であれば、平均的な年度間隔で計画的に各拠点の園舎建替の計画を立てられると思います。保育園・認定こども園・幼稚園の鉄筋園舎の耐用年数は47年です。10の施設が有れば、4年〜5年毎の計画的建替も可能かと思います。

単独拠点の法人ならば、自分の施設だけを考えれば良いのですから、収入が将来的にも概ね確立できそうなのであれば、園舎建て替えの為の計画的な資金計画を考えたいと思います。

※ 上記を実行するには、会計や収入源の仕組みと充実残額の仕組みを理解する必要がありますが、この業務を理事長先生ひとりに委ねるのは困難を極めると考えられます。その場合、コンサルティング業者との提携を視野に入れる必要があるのではないでしょうか。少子化やそれに伴う定員割れが進めばなおのことと考えられます。

＊資料＊

資料1　法上の理事長業務等の記載

1．社会福祉法上の記述

（理事会の権限等）

第四十五条の十三

2　理事会は、次に掲げる職務を行う。

　　一　社会福祉法人の業務執行の決定

　　二　理事の職務の執行の監督

　　三　**理事長**の選定及び解職

3　理事会は、理事の中から**理事長**一人を選定しなければならない。

（理事会の運営）

第四十五条の十四

6　理事会の議事については、厚生労働省令で定めるところにより、議事録を作成し、議事録が書面をもつて作成されているときは、出席した理事（定款で議事録に署名し、又は記名押印しなければならない者を当該理事会に出席した**理事長**とする旨の定めがある場合にあつては、当該**理事長**）及び監事は、これに署名し、又は記名押印しなければならない。

（理事の職務及び権限等）

第四十五条の十六

2　次に掲げる理事は、社会福祉法人の業務を執行する。

　　一　**理事長**

　　二　**理事長**以外の理事であつて、理事会の決議によつて社会福祉法人の業務を執行する理事として選定されたもの

3　前項各号に掲げる理事は、三月に一回以上、自己の職務の執行の状況を理事会に報告しなければならない。ただし、定款で毎会計年度に四月を超える間隔で二回以上その報告をしなければならない旨を定めた場合は、この限りでない。

（理事長の職務及び権限等）

第四十五条の十七

　理事長は、社会福祉法人の業務に関する一切の裁判上又は裁判外の行為をする権限を有する。

2　前項の権限に加えた制限は、善意の第三者に対抗することができない。

3　第四十五条の六第一項及び第二項並びに一般社団法人及び一般財団法人に関す

る法律第七十八条及び第八十二条の規定は**理事長**について、同法第八十条の規定は民事保全法（平成元年法律第九十一号）第五十六条に規定する仮処分命令により選任された理事又は**理事長**の職務を代行する者について、それぞれ準用する。この場合において、第四十五条の六第一項中「この法律又は定款で定めた役員の員数が欠けた場合」とあるのは、「**理事長**が欠けた場合」と読み替えるものとする。

（役員等又は評議員の社会福祉法人に対する損害賠償責任）
第四十五条の二十
4　一般社団法人及び一般財団法人に関する法律第百十二条から第百十六条までの規定は、第一項の責任について準用する。この場合において、同法第百十二条中「総社員」とあるのは「総評議員」と、同法第百十三条第一項中「社員総会」とあるのは「評議員会」と、同項第二号中「法務省令」とあるのは「厚生労働省令」と、同号イ及びロ中「代表理事」とあるのは「**理事長**」と、同条第二項及び第三項中「社員総会」とあるのは「評議員会」と、同条第四項中「法務省令」とあるのは「厚生労働省令」と、「社員総会」とあるのは「評議員会」と、同法第百十四条第二項中「社員総会」とあるのは「評議員会」と、「限る。）についての理事の同意を得る場合及び当該責任の免除」とあるのは「限る。）」と、同条第三項中「社員」とあるのは「評議員」と、同条第四項中「総社員（前項の責任を負う役員等であるものを除く。）の議決権」とあるのは「総評議員」と、「議決権を有する社員が同項」とあるのは「評議員が前項」と、同法第百十五条第一項中「代表理事」とあるのは「理事長」と、同条第三項及び第四項中「社員総会」とあるのは「評議員会」と読み替えるものとするほか、必要な技術的読替えは、政令で定める。

（清算法人の代表）
第四十六条の十一
4　第四十六条の六第一項第一号の規定により理事が清算人となる場合においては、**理事長**が代表清算人となる。

第十二章　罰則
第百三十条の二
次に掲げる者が、自己若しくは第三者の利益を図り又は社会福祉法人に損害を加える目的で、その任務に背く行為をし、当該社会福祉法人に財産上の損害を加えたときは、七年以下の懲役若しくは五百万円以下の罰金に処し、又はこれを併科する。
一　評議員、理事又は監事
二　民事保全法第五十六条に規定する仮処分命令により選任された評議員、理事又は監事の職務を代行する者

三　第四十二条第二項又は第四十五条の六第二項（第四十五条の十七第三項において準用する場合を含む。）の規定により選任された一時評議員、理事、監事又は**理事長**の職務を行うべき者

第百三十三条

　評議員、理事、監事、会計監査人若しくはその職務を行うべき社員、清算人、民事保全法第五十六条に規定する仮処分命令により選任された評議員、理事、監事若しくは清算人の職務を代行する者、第百三十条の二第一項第三号に規定する一時評議員、理事、監事若しくは**理事長**の職務を行うべき者、同条第二項第三号に規定する一時清算人若しくは清算法人の監事の職務を行うべき者、同項第四号に規定する一時代表清算人の職務を行うべき者、同項第五号に規定する一時清算法人の評議員の職務を行うべき者又は第百三十条の三第一項第二号に規定する一時会計監査人の職務を行うべき者は、次のいずれかに該当する場合には、二十万円以下の過料に処する。ただし、その行為について刑を科すべきときは、この限りでない。

附　　則

第十五条　この法律の施行の際現に在任する社会福祉法人の理事の代表権については、施行日以後に選定された**理事長**が就任するまでの間は、なお従前の例による。

２．社会福祉法施行令上の記述

　理事長の文字列無し

３．社会福祉法施行規則上の記述

（理事会の議事録）
第二条
3　理事会の議事録は、次に掲げる事項を内容とするものでなければならない。
六　法第四十五条の十四第六項の定款の定めがあるときは、**理事長**以外の理事であつて、理事会に出席したものの氏名

（責任の一部免除に係る報酬等の額の算定方法）
第二条の二十三　法第四十五条の二十第四項において準用する一般社団法人及び一般財団法人に関する法律第百十三条第一項第二号に規定する厚生労働省令で定める方法により算定される額は、次に掲げる額の合計額とする。

一　役員等（法第四十五条の二十第一項に規定する役員等をいう。以下同じ。）がその在職中に報酬、賞与その他の職務執行の対価（当該役員等のうち理事が当該社会福祉法人の職員を兼ねている場合における当該職員の報酬、賞与その他の職務執行の対価を含む。）として社会福祉法人から受け、又は受けるべき財産上の利益（次号に定めるものを除く。）の額の会計年度（次のイからハまでに掲げる場合の区分に応じ、当該イからハまでに定める日を含む会計年度及びその前の各会計年度に限る。）ごとの合計額（当該会計年度の期間が一年でない場合にあつては、当該合計額を一年当たりの額に換算した額）のうち最も高い額

　イ　法第四十五条の二十第四項において準用する一般社団法人及び一般財団法人に関する法律第百十三条第一項の評議員会の決議を行つた場合　当該評議員会の決議の日

　ロ　法第四十五条の二十第四項において準用する一般社団法人及び一般財団法人に関する法律第百十四条第一項の規定による定款の定めに基づいて責任を免除する旨の理事会の決議を行つた場合　当該決議のあつた日

　ハ　法第四十五条の二十第四項において準用する一般社団法人及び一般財団法人に関する法律第百十五条第一項の契約を締結した場合　責任の原因となる事実が生じた日（二以上の日がある場合にあつては、最も遅い日）

二　イに掲げる額をロに掲げる数で除して得た額

イ　次に掲げる額の合計額
　（1）　当該役員等が当該社会福祉法人から受けた退職慰労金の額
　（2）　当該役員等のうち理事が当該社会福祉法人の職員を兼ねていた場合における当該職員としての退職手当のうち当該役員等のうち理事を兼ねていた期間の職務執行の対価である部分の額
　（3）　（1）又は（2）に掲げるものの性質を有する財産上の利益の額
ロ　当該役員等がその職に就いていた年数（当該役員等が次に掲げるものに該当する場合における次に定める数が当該年数を超えている場合にあつては、当該数）
　（1）　**理事長**　六
　（2）　**理事長**以外の理事であつて、次に掲げる者　四
　（i）　理事会の決議によつて社会福祉法人の業務を執行する理事として選定されたもの
　（ii）　当該社会福祉法人の業務を執行した理事（（i）に掲げる理事を除く。）
　（iii）　当該社会福祉法人の職員
　（3）　理事（（1）及び（2）に掲げるものを除く。）、監事又は会計監査人　二

（社会福祉法人台帳）

第十一条

所轄庁は、社会福祉法人台帳を備えなければならない。

2　前項の社会福祉法人台帳に記載しなければならない事項は、次のとおりとする。

　　一　名称

　　二　事務所の所在地

　　三　**理事長**の氏名

（指定の申請）

第二十八条条

　法第九十三条第一項の規定により指定を受けようとする社会福祉法人は、次に掲げる事項を記載した申請書を都道府県知事に提出しなければならない。

　　一　名称、住所及び事務所の所在地

　　二　**理事長**の氏名

（配分委員会の組織及び運営）

第三十六条

第三十六条　法第百十五条第一項に規定する配分委員会（以下この条において「配分委員会」という。）は、**理事長**が招集する。

2　理事長は、配分委員会の委員の総数の三分の一以上の委員が審議すべき事項を示して配分委員会の招集を請求したときは、その請求のあつた日から三十日以内に、配分委員会を招集しなければならない。

４．社会福祉法施行細則（東京都）上の記述

理事長の文字列無し

５．令和４年５月 横浜市こども青少年局監査課 社会福祉法人Ｑ＆Ａ　上の記述

Ｑ２５　職員は**理事長**と特殊関係になりますか。

Ａ２５　社会福祉法人の理事長とその職員ということだけであれば、特殊関係等には該当しません。

Ｑ３０　**理事長**の選任の際には、理事である職員は決議に入らないほうが良いのでしょうか。

Ａ３０　**理事長**は、理事会の決議によって「理事の中」から選任しますので、理事全員が決議に参加してください。

Ｑ３１　職員の任免は、どのように決める必要がありますか。

Ａ３１　施設長等の「重要な役割を担う職員」の任免は、理事会の決議により決定する必要があります。それ以外の職員は、定款等の定めにより**理事長**が任免することができます。

【法第 45 条の 13 第 4 項】

　職員の任免は、理事会で定める規程あるいは個別の決議により、その決定を**理事長**等に委ねることができますが、施設長等の「重要な役割を担う職員」の選任及び解任については、法人の事業運営への影響が大きいことから、その決定を**理事長**等に委任することはできず、理事会の決議により決定される必要があります。「重要な役割を担う職員」の範囲については、定款又はその他の規程等において、明確に定めておきます。また、職員の任免の方法については、その手続等について、規程等で明確に定めてください。

Ｑ３２　法人運営の日常的なことは、理事会を開かずに**理事長**が決めてもよいのでしょうか。

Ａ３２　日常的なことでも、理事会を開かずに**理事長**が専決をするためには、「日常の業務として理事長が専決できるもの」を、定款細則や理事長専決規程として理事会で定める必要があります。【法第 45 条の 13 第 4 項】

　　　定款例第 24 条備考に「日常の業務として理事会の定めるもの」の例が記載されていますので、参考にしてください。

①「施設長等の任免その他重要な人事」を除く職員の任免

（注）**理事長**が専決できる人事の範囲については、法人としての判断により決定することが必要であるので、理事会があらかじめ法人の定款細則等に規定しておくこと。

② 職員の日常の労務管理・福利厚生に関すること

③ 債権の免除・効力の変更のうち、当該処分が法人に有利であると認められるもの、その他やむを得ない特別の理由があると認められるもの ただし、法人運営に重大な影響があるものを除く。

④ 設備資金の借入に係る契約であって予算の範囲内のもの

⑤ 建設工事請負や物品納入等の契約のうち次のような軽微なもの

　　ア 日常的に消費する給食材料、消耗品等の日々の購入

　　イ 施設設備の保守管理、物品の修理等

　　ウ 緊急を要する物品の購入等

　（注）**理事長**が専決できる契約の金額及び範囲については、随意契約によること

ができる場合の基準も参酌しながら、法人の判断により決定することが必要であるので、理事会があらかじめ法人の定款細則等に規定しておくこと。

⑥ 基本財産以外の固定資産の取得及び改良等のための支出並びにこれらの処分。ただし、法人運営に重大な影響があるものを除く。

（注）**理事長**が専決できる取得等の範囲については、法人の判断により決定することが必要であるので、理事会があらかじめ法人の定款細則等に規定しておくこと。

⑦ 損傷その他の理由により不要となった物品又は修理を加えても使用に耐えないと認められる物品の売却又は廃棄ただし、法人運営に重大な影響がある固定資産を除く。

（注）**理事長**が専決で処分できる固定資産等の範囲については、法人の判断により決定することが必要であるので、理事会があらかじめ法人の定款細則等に規定しておくこと。

⑧ 予算上の予備費の支出

⑨ 入所者・利用者の日常の処遇に関すること

⑩ 入所者の預り金の日常の管理に関すること

⑪ 寄付金の受入れに関する決定。ただし、法人運営に重大な影響があるものを除く。

（注）寄付金の募集に関する事項は専決できないこと。なお、これらの中には諸規程において定める契約担当者に委任されるものも含まれる。

【参考】専決の金額や範囲などの区分けが必要なものは、予め定めておく必要があります。

Ｑ３３　**理事長**が専決できないことはありますか。

Ａ３３　法で理事に委任できないと規定されている事項については、**理事長**が専決することはできません。

法第 45 条の 13 第 4 項において、①から⑥の各事項については理事に委任できないとされています。

① 重要な財産の処分及び譲受け

② 多額の借財

③ 重要な役割を担う職員の選任及び解任

④ 従たる事務所その他の重要な組織の設置、変更及び廃止

⑤ 理事の職務の執行が法令及び定款に適合することを確保するための体制その他社会福祉法人の業務の適正を確保するために必要なものとして厚生労働省令で定める体制の整備

⑥ 第 45 条の 22 の 2 において準用する一般社団法人及び一般財団法人に関する法律第 114 条第 1 項の規定による定款の定めに基づく第 45 条の 20 第 1 項の責任の免除

Ｑ３４　**理事長**が長期間不在になります。**理事長**の職務代理者を決めて業務を進めてよいですか。

A34　改正社会福祉法においては、**理事長**以外の理事に対する代表権の行使は認められていないことから、**理事長**の職務代理者を決めて業務を進めることはできません。

　　　理事長の不在により法人運営に支障が出る場合には、理事会を開催して新たな**理事長**を選定してください。

【参考】平成29年の社会福祉法改正時に、職務代理の制度は廃止されていますのでご注意ください。

6．平成１２年１２月１日　児発第９０８号（最終改正：令和２年12月25日）社会福祉法人の認可について（通知）

社会福祉法人審査基準

第3 法人の組織運営

1 役員等
　（4）地方公共団体の長等特定の公職にある者が慣例的に、**理事長**に就任したり、評議員又は役員として参加したりすることは適当でないこと。

3 理事
　（5）**理事長**は、理事会の決定に基づき（法第４５条の１３第２項第１号）、法人の内部的・対外的な業務執行権限を有すること（法第４５条の１６第２項第１号及び第４５条の１７第１項）

　（6）**理事長**以外にも社会福祉法人の業務を執行する理事（以下「業務執行理事」という。）を理事会で選定することができること（法第４５条の１６第２項第２号）。

7 その他
　（7）職員については、**理事長**が任免することとして差し支えないが、事業の成否に関係のある施設長等は、理事会の議決を経て、**理事長**が任免することが適当であること。

第4 法人の認可申請等の手続

3 その他
　（2）設立代表者又は法人理事長への就任を予定している者が既に別の法人の**理事長**である場合には、既存法人における組織運営、事業運営、資金計画の履行状況等を確認し、異なる事業主体を設立する必要性が認められるものであること。

7．社会福祉法人定款準則
　（平成１２年１２月１日児発第９０８号連名通知　初版）

（理事会）

第九条 この法人の業務の決定は、理事をもって組織する理事会によって行う。ただし、日常の軽易な業務は理事長が専決し、これを理事会に報告する。

2 理事会は、**理事長**がこれを招集する。

3 **理事長**は、理事総数の三分の一以上の理事又は監事から会議に付議すべき事項を示して理事会の招集を請求された場合には、その請求のあった日から一週間以内にこれを招集しなければならない。

4 理事会に議長を置き、議長はその都度選任する。

5 理事会は、理事総数の三分の二以上の出席がなければ、その議事を開き、議決することができない。

6 理事会の議事は、法令に特別の定めがある場合及びこの定款に別段の定めがある場合を除き、理事総数の過半数で決定し、可否同数のときは、議長の決するところによる。

7 理事会の決議について、特別の利害関係を有する理事は、その議事の議決に加わることができない。

8 議長及び理事会において選任した理事二名は、理事会の議事について議事の経過の要領及びその結果を記載した議事録を作成し、これに署名又は記名押印しなければならない。

（備考）

（１）「日常の軽易な業務」の例としては、次のような業務がある。

　（1）「施設長の任免その他重要な人事」を除く職員の任免

　　（注）**理事長**が専決できる人事の範囲については、法人としての判断により決定することが必要であるので、理事会が（評議員会が必置の法人においては評議員会の同意を得て）あらかじめ法人の定款細則等に規定しておくこと。

　（2）職員の日常の労務管理・福利厚生に関すること

　（3）債権の免除・効力の変更のうち、当該処分が法人に有利であると認められるもの、その他やむを得ない特別の理由があると認められるものただし、法人運営に重大な影響があるものを除く。

　　（注）当該処分について理事長個人が特別の利害関係を有する場合は、理事会において選任する他の理事が専決すること。

　（4）設備資金の借入に係る契約であって予算の範囲内のもの

　　（注）当該契約について理事長個人が特別の利害関係を有する場合は、理事会において選任する他の理事が専決すること。

　(5) 建設工事請負や物品納入等の契約のうち次のような軽微なもの。

　　　ア 日常的に消費する給食材料、消耗品等の日々の購入

　　　イ 施設設備の保守管理、物品の修理等

　　　ウ 緊急を要する物品の購入等

　　（注1）**理事長**が専決できる契約の金額及び範囲については、随意契約によることができる場合の基準も参酌しながら、法人の判断により決定することが必要であるので、理事会が（評議員会が必置の法人においては評議員会の同意を得て）あらかじめ法人の定款細則等に規定しておくこと。

　　（注2）当該契約について理事長個人が特別の利害関係を有する場合は、理事会において選任する他の理事が専決すること。

　(6) 基本財産以外の固定資産の取得及び改良等のための支出並びにこれらの処分ただし、法人運営に重大な影響があるものを除く。

　　（注1）**理事長**が専決できる取得等の範囲については、法人の判断により決定することが必要であるので、理事会が（評議員会が必置の法人においては評議員会の同意を得て）あらかじめ法人の定款細則等に規定しておくこと。

　　（注2）当該取得等について理事長個人が特別の利害関係を有する場合は、理事会において選任する他の理事が専決すること。

　(7) 損傷その他の理由により不要となった物品又は修理を加えても使用に耐えないと認められる物品の売却又は廃棄ただし、法人運営に重大な影響がある固定資産を除く。

　　（注1）**理事長**が専決で処分できる固定資産等の範囲については、法人の判断により決定することが必要であるので、理事会が（評議員会が必置の法人においては評議員会の同意を得て）あらかじめ法人の定款細則等に規定しておくこと。

　　（注2）当該売却等について**理事長**個人が特別の利害関係を有する場合は、理事会において選任する他の理事が専決すること。

　(8) 予算上の予備費の支出

　(9) 入所者・利用者の日常の処遇に関すること

　(10) 入所者の預り金の日常の管理に関すること

　(11) 寄付金の受入れに関する決定ただし、法人運営に重大な影響があるものを除く。

　（注）寄付金の募集に関する事項は専決できないこと。なお、これらの中には諸規程において定める契約担当者に委任されるものも含まれる。

（2）理事会に出席できない理事が、その議決権を他の理事に委任することができる旨の規定を設けることは認められないこと。

（3）理事会に出席できない理事について、書面による表決を認めるときは、第五項の次に次の一項を加えること。

6 前項の場合において、あらかじめ書面をもって、欠席の理由及び理事会に付議される事項についての意思を表示した者は、出席者とみなす。

（4）議長の議決権については、第六項の規定により、可否同数のときの決定権として行使されることとなり、それより前に行使することは二重の投票権を有する結果にもなり、不都合な事態を招く。そのため、可否同数のときより前の議決はできないことに留意すること。

（5）理事に建設請負業者や物品納入業者等が加わっている法人が建設工事請負や物品納入等の契約を行おうとする場合には、当該理事は特別の利害関係を有することとなるので、当該契約の入札価格の決定や業者選定等に係る議事の議決には加わることができないこと。

（理事長の職務の代理）

第一〇条 理事長に事故あるとき、又は欠けたときは、**理事長**があらかじめ指名する他の理事が、順次に**理事長**の職務を代理する。

2 **理事長**個人と利益相反する行為となる事項及び双方代理となる事項については、理事会において選任する他の理事が**理事長**の職務を代理する。

8. 事務連絡平成２８年１１月１１日 「社会福祉法人制度改革の施行に向けた留意事項について （経営組織の見直しについて）」の改訂について

第3章 役員

第1節 理事

（5）理事の権限等

・以下の①から③に掲げる理事は、それぞれ以下に定める職務及び権限等を有する。

① **理事長**の職務及び権限等

・**理事長**は、理事会の決定に基づき（法第45条の13第2項第1号）、法人の内部的・対外的な業務執行権限を有する（法第45条の16第2項第1号）。

第四十五条の十三 理事会は、全ての理事で組織する。

2 理事会は、次に掲げる職務を行う。

第四十五条の十六 理事は、法令及び定款を遵守し、社会福祉法人のため忠実にその職務を行わなければならない。

2 次に掲げる理事は、社会福祉法人の業務を執行する。

一 **理事長**

・具体的には、理事会で決定した事項を執行するほか、法第 45 条の 13 第 4 項に掲げる事項以外の理事会から委譲された範囲内で自ら意思決定をし、執行する。

4　理事会は、次に掲げる事項その他の重要な業務執行の決定を理事に委任することができない。
　　一　重要な財産の処分及び譲受け
　　二　多額の借財
　　三　重要な役割を担う職員の選任及び解任
　　四　従たる事務所その他の重要な組織の設置、変更及び廃止
　　五　理事の職務の執行が法令及び定款に適合することを確保するための体制その他社会福祉法人の業務の適正を確保するために必要なものとして厚生労働省令で定める体制の整備
　　六　第四十五条の二十二の二において準用する一般社団法人及び一般財団法人に関する法律第百十四条第一項の規定による定款の定めに基づく第四十五条の二十第一項の責任の免除

第四十五条の二十　理事、監事若しくは会計監査人（以下この款において「役員等」という。）又は評議員は、その任務を怠つたときは、社会福祉法人に対し、これによつて生じた損害を賠償する責任を負う。

・そして対外的な業務執行をする為、法人の代表権を有する（法第 45 条の 17 第 1 項）
・なお、業務執行とは、契約にサインすることや、事業費支出の決済など、**理事長**等の法人の機関が行う行為が法人の行為と認められるような行為をいい、代表するとは、法人の機関が法人の名前で第三者とした行為が法人の行為とみなされることをいう。
・**理事長**は、3 か月に 1 回以上（定款で、毎会計年度に 4 ヶ月を超える間隔で 2 回以上とすることが可能）、自己の職務の執行の状況を理事会に報告しなければならない（法第 45 条の 16 第 3 項）。
　これは、理事会による**理事長**の職務の執行の監督の実効性を確保するためである。
　したがって、この報告は現実に開催された理事会において行わなければならず、報告を省略することはできない（法第 45 条の 14 第 9 項において準用する一般法人法第 98 条第 2 項）。
② 業務執行理事の職務及び権限等
・**理事長**以外にも社会福祉法人の業務を執行する理事（以下「業務執行理事」という）

を理事会で選定することができる（法第45条の16第2項）。

- 業務執行理事は、**理事長**と違い代表権はないため、対外的な業務を執行する権限はない（法第45条の17第2項）。
- 業務執行理事は、理事長と同様、3か月に1回以上（定款で、毎会計年度に4ヶ月を超える間隔で2回以上とすることが可能）、自己の職務の執行の状況を理事会に報告しなければならない（法第45条の16第3項）。また、この報告は現実に開催された理事会において行わなければならず、報告を省略することはできない。

③ ①及び②以外の理事の職務及び権限等

- **理事長**及び業務執行理事以外の理事は、理事会における議決権の行使等を通じ、法人の業務執行の意思決定に参画するとともに（法第45条の13第2項第1号）、**理事長**や他の理事の職務の執行を監督（同項第2号及び第3号）する役割を担う事となる

第4章 理事会

（1）理事会の権限等

　イ 理事会の職務

　　（ウ）**理事長**の選定および解職

- 理事会は、理事長の選定及び解職を行う（法第45条の13第2項第3号及び同条第3項）。

　ウ 理事会の決議の省略及び理事会への報告の省略（法第45条の14第9項で準用する一般法人法第96条）。

- 理事、監事又は会計監査人が理事及び監事の全員に対して報告すべき事項を通知したときは、理事会決議の省略と同様に、当該事項の理事会への報告を省略することができる（法第45条の14第9項で準用する一般法人法第98条）。ただし法第46条の17第9項の規定による業務の執行状況に関する**理事長**及び業務執行理事の報告は省略する事ができない（法第45条の14第9項で準用する一般法人法第98条2項）

　エ 理事会の議事録等

- 議事録が書面で作成されているときは、出席した理事（定款で署名又は記名押印しなければならない者を出席した理事長と定めた場合には、当該出席した理事長）及び監事が署名又は記名押印しなければならない。（法第45条の14第6項）。
- 議事録は、書面又は電磁的記録により作成し（施行規則第2条の17第2項）、下記の事項を内容とするものでなければならない。

（ア）通常の理事会の事項（同条第3項）

① 理事会が開催された日時及び場所（当該場所に存しない理事、監事又は会計
　監査人が理事会に出席した場合における当該出席の方法を含む。）

② 理事会が次に掲げるいずれかのものに該当するときは、その旨

イ 理事の請求を受けて招集されたもの

ロ 理事の請求があったにもかかわらず所定の期間内に理事会が招集されないため、
　その請求をした理事が招集したもの

ハ 監事の請求を受けて招集されたもの

ニ 監事が招集したもの

　※ 理事長等の所定の招集権者が招集を行った場合には、②の記載は不要。

⑥ 定款で議事録署名人を出席した理事長及び監事とする旨を定めているときは、
　理事長以外の理事であって、理事会に出席した者の氏名

（参考例）

内部管理体制の基本方針

本○○福祉会は、平成○○年○月○日、理事会において、理事の職務執行が法令・
定款に適合すること、及び業務の適正を確保するための体制の整備に関し、本○
○福祉会の基本方針を以下のとおり決定した。

4 監査環境の整備（監事の監査業務の適正性を確保するための体制）

⑥ 理事又は職員等は、当会に著しい損害を与える恐れのある事実又は法令、定款
その他の規程等に反する行為等を発見した時は、直ちに**理事長**、業務執行理事並
びに監事に報告する。

⑦ 理事及び職員等は、職務執行状況等について、監事が報告を求めた場合には、
速やかにこれに応じる。

⑧ **理事長**は、定期的に監事と会合を持つなどにより、事業の遂行と活動の健全な
発展に向けて意見交換を図り、相互認識を深める。

資料2

社会福祉法人の経営組織　厚労省

https://www.mhlw.go.jp/seisakunitsuite/bunya/
hukushi_kaigo/seikatsuhogo/shakai-fukushi-houjin-seido/02.html

社会福祉法人の経営組織

社会福祉法人の各機関

　社会福祉法人の経営組織は業務執行の決定機関である理事会、法人運営に係る重要事項の議決機関である評議員会、理事の職務執行の監査を行う監事（一定規模以上の法人が必置となる会計監査人）で運営されています。

理事、監事、会計監査人、評議員と法人との関係

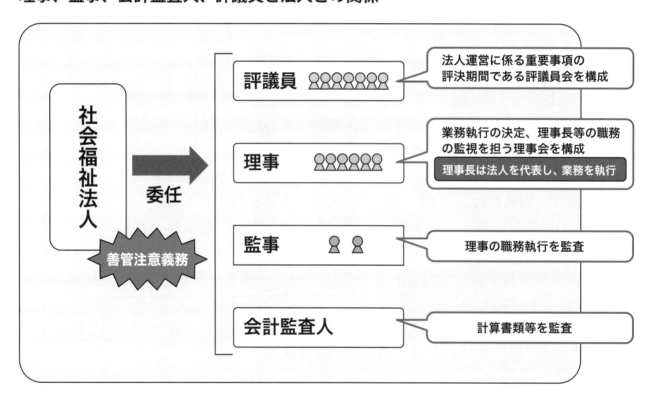

社会福祉法人の経営組織

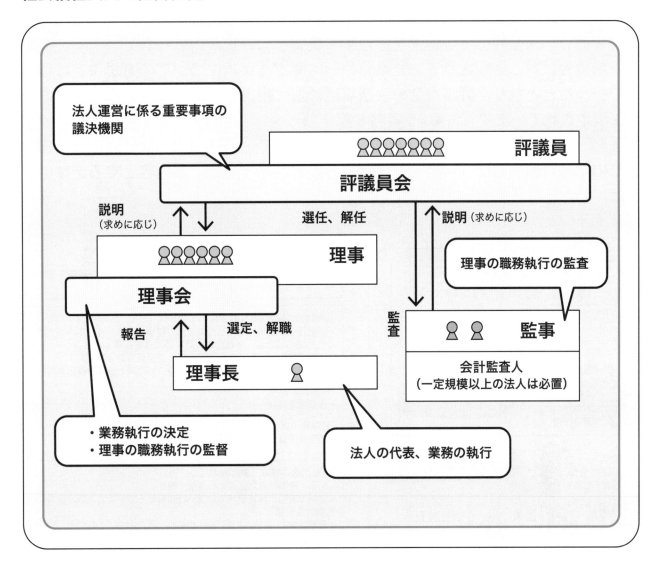

評議員・評議員会

　評議員会は、法人運営の基本ルール・体制を決定するとともに、役員の選任・解任等を通じ、事後的に法人運営を監督する機関として位置付けられています。従来の評議員会に対し諮問されていた業務執行に関する事項についての意思決定は理事会で行うこととなり、評議員会の決議事項は法に規定する事項及び定款で定めた事項に限定されています（法第45条の8第2項）。

　なお、法律において評議員会の決議を必要としている事項について、理事、理事会その他の評議員会以外の機関が決定することができることを内容とする定款の定めは、効力を有しません（同条第3項）。

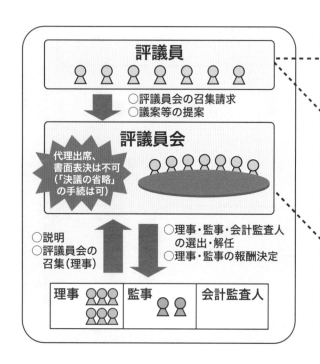

【評議員の選任・解任】
・定款で定める方法による。ただし、理事・理事会が評議員を選任・解任する旨の定款の定めは無効

【評議員の権限（主なもの）】
・評議員会の理事に対する招集請求（理事が遅滞なく招集手続を行わない等の場合は、所轄庁の許可を得て自ら召集できる。）
・議題提案権（議題提案権の行使は、評議員会の4週間前まで）
・議案提案権（評議員会の場で、議題の範囲内で議案の提案が可能）

【評議員の義務】
・善管注意義務

【評議員の責任】
・損害賠償責任、特別背任罪等

【評議員会の権限（主なもの）】
・理事、監事、会計監査人の選任・解任
・定款の変更、計算書類の承認、社会福祉充実計画の承認、役員の報酬の決定等
※監事の解任、定款の変更、合併の承認については2／3の多数による決議が必要
※報酬の決定は、定款に額が定められていないときに限る。

理事

1.（1）理事長の職務及び権限等

　理事長は、理事会の決定に基づき（法第45条の13第2項第1号）、法人の内部的・対外的な業務執行権限を有する（法第45条の16第2項第1号）。対外的な業務執行をするため、法人の代表権を有します（法第45条の17第1項）。

　理事長は、3ヶ月に1回以上（定款で、毎会計年度に4ヶ月を超える間隔で2回以上とすることが可能）、自己の職務の執行の状況を理事会に報告しなければなりません（法第46条の16第3項）。※業務執行理事も同様です。

2.（2）業務執行理事の職務及び権限等

　理事長以外にも社会福祉法人の業務を執行する理事として業務執行理事を理事会で選定することができます（法第45条の16第2項）。業務執行理事は、理事長と違い

代表権はないため、対外的な業務を執行する権限はありません（法第45条の17第2項）。

3.（3）（1）及び（2）以外の理事の職務及び権限等 理事長及び業務執行理事以外の理事は、理事会における議決権の行使等を通じ、法人の業務執行の意思決定に参画するとともに（法第45条の13第2項第1号）、理事長や他の理事の職務の執行を監督（同項第2号及び第3号）する役割を担うこととなります。

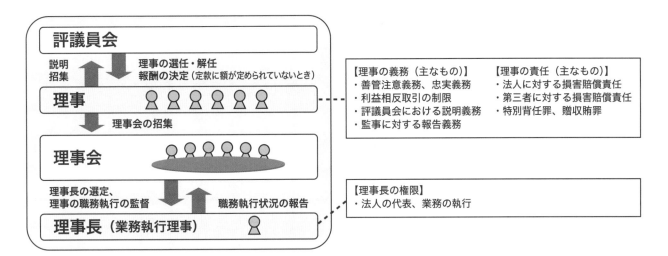

監事

　監事は、理事の職務の執行を監査するために、各種の権限が付与され、また義務が課されます。

　監事が複数いる場合でも、その権限は各監事が独立して行使でき、義務は各監事がそれぞれ負います。

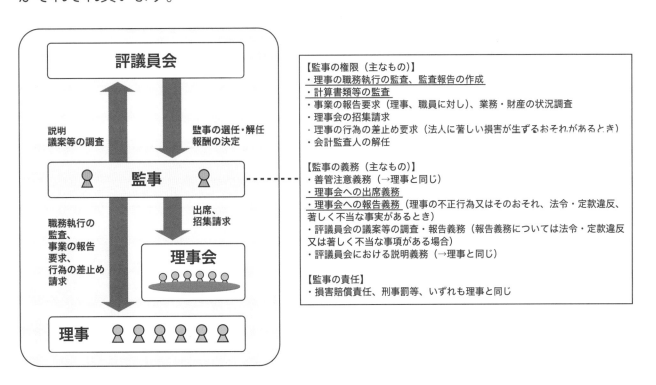

理事会

理事会の権限等

・理事会は、全ての業務執行の決定や理事の職務執行の監督を行うこととなります。

・法律又は定款に定める評議員会の決議事項以外の事項については、評議員会に諮る必要はありません

1.（1）理事会の職務

（ア）業務執行の決定（法第45条の13第2項第1号）

（イ）理事の職務執行の監督（法第45条の13第2項第2号）

（ウ）理事長の選定および解職（法第45条の13第2項第3号及び同条第3項）

2. 理事に委任することができない事項

　社会福祉法人においては、重要な財産の処分及び譲り受け等、法第45条の13第4項各号に列挙されている事項についての決定を理事に委任することができないこととしています（同条第4項）。これは、一部の理事による専横や複数の理事が法人の運営を巡って対立し、それぞれ独自に決定するといった混乱した事態が生ずるのを避けるためです。

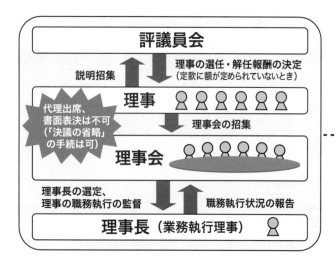

【理事会の権限（主なもの）】
・法人の業務執行の決定
・理事の職務の執行の監督、理事長の選定及び解職
・利益相反取引の承認、計算書類・事業報告の承認
※以下の重要事項の決定は理事に委任できない。
　①重要な財産の処分及び譲り受け
　②多額の借財
　③重要な役割を担う職員の選任及び解任
　④従たる事務所その他の重要な組織の設置、変更及び廃止
　⑤内部管理体制
　⑥定款の定めに基づく役員等の責任の免除

資料3　外部委託について

専門家に任せるということ

　園に関わる保育・養育・教育分野以外の事務・運営に関わる業務については、それぞれの専門家に任せることも選択肢として必要です。

　1法人1〜3施設の法人ではそれぞれの分野での専門家を作ることは容易ではありません、

　人が変わることもあり専門職の募集の困難さ、引き継ぎは行うものの人による能力差などがあります。また、いずれ人は交代していきます。そのたびに園の運営に支障をきたすことになりかねません。

　また、組織（園）を代表して園の経営方針を管理する責任者である理事長として各種書類の信頼性・内容の把握、発生事項の対応、今後の経営的見通し、将来の計画などの専門家の知識を必要とすることが多々あります。

信頼できる機関・組織に依頼することも必要です。

　委託経費が月20万でも年間240万です。園によって事情は違うかと思いますが、園全体の経費の中で賄える額だと思います。

　その効果を考えると必要な経費と考えます。

委託分野		概算費用
会計	仕訳の入力代行・計算書類（決算報告）作成	月額6万円〜
	月次処理点検・計算書類（決算報告）確認	月額4万円〜
	決算状況等理事会説明・監査立ち合い	別途
園経営コンサルタント		月額3万円〜
社労務士	日常の相談・対応	月額4万円〜
	給与計算・年末調整	別途
弁護士	日常の相談・対応 ※事案・事件により別途報酬が必要	月額4万円〜

資料4　理事長のあいさつについて

理事長のあいさつ　ポイント

　理事長が各行事であいさつするかどうか、その必要性に決まりはありません。

　法人の代表として園の方針を管理し、経営・運営の責任者としてどの範囲まで子どもたち・保護者にあいさつをするかは理事長の判断です。理事長は法人の代表で園長（施設長）は園の代表です。どのように、どの程度園にかかわっていくかについては特に決まりはありません。

　１法人多施設の場合・いくつかの法人を兼務している理事長の場合、園の行事卒園式・入園式・運動会が同じ日に重なるケースが多々あります、年ごとに園を変えるなど方法があると思いますが、保護者の印象を考えると「理事長はこれらの行事であいさつはしない」ことにしたほうが賢明かもしれません。

　常勤の理事長、日頃から子どもたちや保護者と接点が多い理事長は別です。

あいさつする場合のポイント

　園長と被らないようにすり合わせを。各行事のあいさつにおいて、主は園長となります。

　マイナスのこと、注意事項等は言わない。楽しく、にこやかに。

入園式・始業式

●全体にあいさつ　お祝い　来賓へお礼
●子どもに
　新入園児　歓迎（０歳児からいるので配慮を）
　進級児　お祝い　進級のお祝いと新入園児、歓迎・支援のお願い
●保護者に
　お祝い
　法人の方針
　法人としての役割・保護者への支援
　保護者に園への理解・協力のお願い

卒園式・終業式

●全体に祝辞　来賓へお礼

●子どもに
　今までの園での皆で頑張ったこと・思い出
　小学校へ行ってから友達をたくさん作って楽しく過ごしてほしい
　保育園の先生がいつまでも見守っていること

●保護者に
　祝辞
　小学校に行って環境が変わる子どもたちを見守ってほしいこと
　法人としてこれまでのお礼と、これからも園へのご協力のお願い

運動会

●全体にあいさつ　朝早くからご苦労様です・天候など

●保護者に

　子どもたちの運動会に対しての期待・今日の日を楽しみにしていること

　今日までの努力の状況

●子どもに

　今までの練習の努力をほめる

　今日は力いっぱい頑張りましょう！　エイ・エイ・オー

●他にも

保護者会・誕生会・保育参観・夏祭り・避難訓練・発表会・クリスマス会・入園説明会・謝恩会などがあります。
日常の園活動にかかわる（専任理事長）のであれば別ですが、園長に任せて法人の長として、大きな観点から参加・あいさつするほうが良いのではと思います。

○○○保育園　入園式あいさつ（例）

みなさんこんにちは。今日は入園・進級式です。

入園するお友達へ

　新入園児の皆さん、ご入園おめでとうございます。

　慣れない環境でドキドキしているお友達、初めてお母さんと離れて園に来るお友達もいると思います。

　でも、保育園は楽しいよ。

　園にいるときは担任の先生がお母さんの代わりです。困ったことや、さびしいこと、何でもいつでも先生に話してくださいね。

　今日からみんなは○○○保育園の子どもです、明日からも元気よく保育園で遊びましょう。

保護者の皆さまへ

　お子様の入園・進級おめでとうございます。

　保育園の役割は、子どもの最善の利益を考慮し、その福祉を積極的に増進するのに最もふさわしい生活の場として子どもの健全な心身の発達を図ることです。

　その目的を達成するために保育園では、ご家庭との緊密な連携をもとに、皆さんと信頼関係を構築して、子どもの発達過程を踏まえ、保育園における環境を通して養護及び教育を一体的に行っていきます。

「○○○保育園の保育理念

　　安心して子どもたちを預けられる地域に根ざした保育園

　　未来を担う子どもたちが心豊かにのびやかに育つ楽しい保育園」

　また、保育園はお子さんを園で保育するとともに、保護者のみなさんに保育に関しての支援を行うことも役割のひとつです。子育てでこまったこと、悩むことなどありましたらご相談ください。

　○○○保育園として保護者の皆様のご協力をいただきながら、より高い役割達成を目指して職員一同がんばっていきますのでよろしくお願いします。

卒園式あいさつ（例）

皆さんおはようございます。

卒園児の皆さんへ

今日は卒園式です。いちばん長い子が6年間、短い子で2年間、〇〇〇保育園に通いましたね。入園したばかりの頃は、慣れない環境やお父さん、お母さんから離れる寂しさから泣いてしまう子もいました。それが今ではもう立派なお兄さん、お姉さんに成長しました。お友達とけんかして泣いたり、困っているときはみんなで助け合ったり、がんばっているお友達同士を応援したりできるようになりました。お友達の大切さをたくさん知った園生活だったと思います。

仲の良かったお友達、大好きな先生とのお別れになります。けれど、小学校でもきっと楽しいことがいっぱい待っていますよ。小学校に行っても〇〇〇保育園のこと、先生たちのことを忘れず頑張ってください。

保護者の皆さまへ

本日はおめでとうございます。

保護者の皆さまには〇〇〇保育園と職員が大変お世話になりありがとうございました。

子どもたちは立派に成長しました。小さな子どもたちが立派に成長するには、保護者の皆様の日々のご努力は大変だったと思います。本当にご苦労さまでした。

子どもたちは卒園を誇らしく思っていると思いますが、小学校への新しい門出に向けて不安もたくさん持っていることと思います。保護者の皆さまはいつもこどもの味方になって上げてください、子どもたちへの今まで以上の愛情をお願いして挨拶とさせていただきます。

本日はまことに、おめでとうございました。

運動会　あいさつ（例）

保護者の皆さまへ

　皆さん、おはようございます。本日は、お忙しいなか○○○保育園の運動会にご参加いただき、ありがとうございます。

　子どもたちは今日まで、一生懸命に練習をしたり準備をしてきました。運動会の練習という経験をもとに子ども達は、大きく成長できたことと思います。
その成果をしっかりとご覧いただき、温かいご声援を送ってあげてください。

　ともあれ今日は、子どもたちと一緒に運動会を楽しんで思い出をいっぱい作ってあげてください。

園児の皆さんへ

　おはようございます！

　今日はみんなが楽しみにしていた運動会です。

　今まで一生懸命に練習してきたことを全部だして、お父さんやお母さんたちに見てもらいましょう。明るく、楽しく、元気いっぱいにがんばってくださいね。

　それでは最後にみんなで元気にかけ声「エイエイオー！」をやりましょう！
　準備はいいかな？「みんなで運動会ガンバルゾー！」「エイエイオー！」

参考文献

選ばれる園になるための保育者研修　　　（株）チャイルド社
選ばれる園になるための実践マニュアル　（株）チャイルド社
保育園運営　　　　　　　　　　　　　　（株）幼保経営サービス
会計の実務資料　　　　　　　　　　　　（株）幼保経営サービス
社会福祉法人制度と法人運営　　　　　　（株）幼保経営サービス

社会福祉法人立　保育園・こども園

理事長マニュアル

2023 年 10 月　第 1 刷発行
2024 年 3 月　第 2 刷発行

編　　著　　　社会福祉連携推進法人　園経営支援協会
発 行 所　　　株式会社 チャイルド社
デザイン　　　ＡＤＬＩＶＥ 株式会社